AF469672

1892. 2 Mars.

VENTE

des Mercredi 2, Jeudi 3 et Vendredi 4 Mars 1892

A 2 heures

HOTEL DROUOT — SALLES Nos 5 et 8

CATALOGUE

DE

GRAVURES, EAUX-FORTES

DESSINS, LAVIS, GOUACHES

Tableaux, Aquarelles et Objets d'Art

ANCIENS

Et principalement de l'École Française

Série importante de Motifs ornementaux

EXPOSITION PUBLIQUE

Le Mardi 1er Mars, de 1 h. 1/2 à 5 h. 1/2, Salle n° 5.

Me Henri SANONER
COMMISSAIRE-PRISEUR
27, rue de Châteaudun.

M. E. GANDOUIN
EXPERT
31, rue des Saints-Pères.

NOTA. — La Vente aura lieu les deux premiers jours, salle n° 5, et, le troisième jour, salle n° 8.

PARIS. — IMPRIMERIE CHAIX, RUE BERGÈRE, 20. — 4108-2-02.

CONDITIONS DE LA VENTE

Elle sera faite au comptant.

Les acquéreurs paieront, en sus des adjudications, **cinq pour cent,** *applicables aux frais.*

L'exposition mettant le public à même de se rendre compte de l'état des objets, il ne sera admis aucune réclamation, une fois l'adjudication prononcée.

DÉSIGNATION

DESSINS ANCIENS

Principalement de l'École Française

1 — Adam (Victor) — Leçon de bâton. — Dessin mine de plomb pour brevet de maître d'armes, exécuté vers 1840.

2 — Andrieux. — Pradier, bâtonniste ambulant de Paris, de 1850 à 1870. — Mine de plomb.

3 — Anonyme. — Marie Stuart et Marie-Antoinette, frontispice pour un ouvrage. — Plume et lavis.

4 — Anonyme. — Plan de l'ancienne ville de Cologne, avec la forteresse de Durtz et le pont sur le Rhin. Dessin du XVIIe siècle.

5 — Anonyme. — Projet de monument à la mémoire de Louis XVI. — Lavis.

6 — Anonyme. — La flotte américaine à la fin du xviiie siècle. — Lavis.

7 — Anonyme. Projet de médaille. — Sanguine, époque de 1820?

8 — Anonyme. — Portrait de Auguste Anastasi. — Très beau dessin à la plume.

9. — Anonyme. — Salon de 100 couverts. — Dessin aquarelle représentant une allégorie sur les victuailles, a été reproduit en gravure populaire.

10 — Armani. — La Peinture et la Sculpture. — Deux beaux dessins à la sanguine, exécutés avec esprit et délicatesse.

11 — Auvray. Le Grand Condé. — Portrait équestre à la plume. — Signé.

12 — Battoni Pompeo. — Arrestation de Samson. — Beau dessin au lavis de sanguine.

13 — Barrochio. — La Vierge dans sa gloire. — Plume et bistre rehaussé.

14 — Barrochio ou Barrocio. — Tête de vieillard. — Pierre noire.

15 — Beaufort. — Chérubins. — Sanguine.

16 — Berchere. — Turc couché fumant. — Crayon noir.

17 — Bergen (D.-V.). — Moutons au pâturage. — Sanguine.

17 *bis*. — BERICOURT. — Le Galant pressant. — Plume et aquarelle.

18 — BERICOURT. — Scène de cabaret. — Plume aquarellée.

19 — BERNARD, 1788. — Portrait de jeune homme. — Beau dessin à la plume, légèrement aquarellé.

20 — BERNARD. — Le Désir, tête de femme coiffée à la russe. — Dessin à la plume, signé.

21 — BERNARD-PICART. — Frontispice de livre, dédié à Charles de Nassau, prince autrichien. — Joli dessin au lavis.

22 — BERNARD-PICART. — L'Histoire écrivant sur le Temps. — Joli dessin au lavis pour frontispice de livre.

23 — BILCOQ. — Le repos. — Aquarelle.

24 — BLONDEL. — Char de l'Hyménée. — Très beau dessin ayant servi de modèle pour les fêtes du mariage du dauphin, en 1747. — Cadre en bois sculpté.

25 — BOGAERT. — Un Socialiste. — Plume, signé.

26 — BONNET. — Deux têtes de femme. — Crayons de couleur.

27 — BONNET. — Tête de femme. — Crayons de couleur.

28 — BOUCHER (François). — Cour de ferme. — Pierre noire rehaussée.

29 — BOUCHER (François). — Scène champêtre. — Très beau croquis à la pierre noire, composition importante.

30 — BOUCHER (attribué à François). — Marchande de fleurs. — Crayons de couleur.

31 — BOILLY (L.). — Le Pont-Neuf. — Plume et lavis, dessin exécuté pour les « Tableaux de Paris, » de Mercier. — Signé.

32 — BOILLY (Léopold). — L'Arracheur de dents. — Dessin rehaussé.

33 — BOILLY (attribué à L.). — Tête de jeune enfant. — Crayon rehaussé.

34 — BONNEFOND. — Départ pour une croisade. — Mine de plomb.

35 — BOSSE (Abraham). — Compteurs d'or. — Dessin au bistre provenant de la collection J. Dupan.

36 — BOTTINI (B.). — Modèle de tapisserie avec ses bordures pour l'histoire de l'Amour et Psyché. — Plume.

37 — BOUCHOT (François). — Portrait de Jean-Jacques Rousseau. — Crayon noir, signé, daté 1822.

37 *bis* BOUCHOT (François). — Portrait de Boileau. — Crayon noir. — Signé, daté 1821.

38 — BOURGUIGNON (J. COURTOIS, dit). — Départ pour le combat. — Plume.

39 — Bourguignon (J. Courtois). — Bataille. — Plume et bistre.

40 — Bourguignon. — Défense d'une batterie. — Plume et bistre.

41 — Brauwer (Adrien). — Marchand d'élixir. — Lavis.

42 — Brauwer (Adrien). — Buveur. — Croquis au lavis.

43 — Brizzi. — Apothéose de saint François. — Plume et bistre.

44 — Bray (J. De). — Portrait d'homme à la pierre.

45 — Bruandet. — Lisière de forêt. — Gouache. — Signée et datée 1798.

46 — Bruandet. — Paysage. — Gouache. — Signée, datée 1798.

47 — Cangiage. — Amour. — Plume et bistre.

48 — Cangiage. — Le Christ conduit à la colonne. — Plume et bistre.

49 — Caragho. — Scène historique. — Plume et bistre rehaussé.

50 — Carrache (A.). — La Résurrection. — Très beau dessin lavis de bistre et gouache.

51 — Carrache (Louis). — Hector quittant ses Lares. — Beau dessin rehaussé.

52 — Caravagio. — Toilette de Vénus. — Plume.

53 — Caresme. — L'Automne, l'Été. — Deux dessins aux crayons de couleur.

54 — Charlier. — Narcisse et la Nymphe Echo. — Gouache sur vélin.

55 — Chasselat. — Épisode des Martyrs. — Plume et sépia.

56 — Chalweis (P.-V.). — xvie siècle. — Personnage flagellé, scène héroïque. — Plume lavée de bistre. — Signé.

57 — Chalweis (P.-V.). — xvie siècle. — Un meurtre, scène héroïque. — Plume lavée de bistre.

58 — Chasselat. — Napoléon Ier fuyant devant la Foi. — Sépia. — Composition reproduite en gravure.

59 — Chodowieki. — Jeune femme écrivant. — Médaillon ovale encadré, dessin gravé.

60 — Clodion. — Tête de faune. — Sanguine.

61 — Clermont (J.-B.). — Groupe d'enfants architectes. — Sanguine.

62 — Clermont (J.-B.). — Groupe d'Amours. — Dessin à la sanguine.

63 — Cochin (Nicolas). — Portrait de Boze. — Crayon. — Ce dessin a été gravé par le maitre.

64 — Cochin (N.). — Don Quichotte à qui l'on fait la barbe. — Très beau dessin sur vélin, signé. — Cadre en bois sculpté.

Cité dans le catalogue de l'œuvre du maître, de Joubert, 1739.

65 — Cochin (C.-N. fils). — Alzire. — Composition pour une tragédie de Voltaire. — Beau dessin à la sanguine. — Signé.

66 — Cochin (Nicolas fils). — Église de village. — Un cellier. — Deux croquis à la mine de plomb. — Signés.

67 — Conca. — Un officier du roi demandant à Jésus la guérison de son fils. — Plume et bistre.

68 — Corregio (Antonio). — Plafond pour une église. — Très beau dessin au bistre rehaussé. — Ex-collection Etex.

69 — Corregio (École de). — Nativité. — Plume et bistre.

70 — Cozette. — Vue d'une ville de Flandre. — Aquarelle signée.

71 — Darcy (Am.). — Lande bretonne. — Aquarelle signée, datée 48.

72 — Delacroix (Aug.). — Un mousse. — Aquarelle signée.

73 — Delacroix (Eug.). — Croquis pour le Dante aux Enfers et deux profils de Médaille. — Mine de plomb. — Provenant de la vente de l'artiste.

74 — Delacroix (Eugène). — Tête d'Atlas et croupe de cheval. — Plume. — Cachet de la vente de l'artiste.

75 — De La Fosse. — Temple d'ordre ionique orné de drapeaux. — Plume et bistre.

76 — Delafosse. — Allégorie sur un mari complaisant. — Plume et lavis.

77 — Delarue. — Bataille contre les Impériaux. — Mine de plomb. — Cadre en bois.

78 — Desfricher. — Paysage. — Lavis.

79 — Després (1778). — Fête antique dans les jardins de la villa Borghèse. — Beau dessin aquarellé.

80 — Després. — Projet de Monument pour le mariage de Louis XVI. — Plume, lavis et bistre.

81 — Diaqué (R.-C.). — Jardin d'une posada près Madrid. — Plume.

82 — Diaqué. — Antiquaire de Madrid. — Mine de plomb.

83 — Diaqué. — Pont à Madrid. — Mine de plomb. — Signé, daté 1887.

84 — Diaqué. — Un Faubourg de Madrid. — Mine de plomb. — Signé, daté 1887.

85 — Diaqué. — Jardin d'une posada prés Madrid. — Signé, daté 1887.

86 — Diday (Jules). — Étang en forêt. — Très beau dessin à la sépia. — Signé.

87 — Doyen. — Portrait de femme, au crayon de couleur.

88 — Drogsloot. — Groupe de paysans. — Plume.

89 — Dumont le Romain. — Plafond. — Beau dessin au bistre.

90 — Du Paquier. — Sacrifice à une Divinité mythologique. — Frise au bistre rehaussée. — Signé.

91 — Duperr[illegible]. — Vue de Bagnères-de-Bigorre, tour de Maontourax et du bassin du Dauphin, 8 messidor an VII. — Signé.

92 — Durameau. — Vénus lutinée par l'Amour devant un satyre enchaîné. — Plume et bistre. — Signé D 1777.

93 — Durand. — Façade des bâtiments des Juridictions de la Ville de Chaalons, présentée à monsieur Cochin, intendant des finances. Beau dessin aquarelle du xviiie siècle avec figures, voitures et chaise à porteurs. — Signé. — La gravure de ce monument est jointe à ce lot.

94 — Dutailly. — Le prince de Lambescq chargeant la foule aux Tuilleries.

95 — Eccolt (F.-B.). — Jésus et les Disciples d'Emmaüs. — Beau dessin à la plume. — Ecole flamande, xvie siècle. — Signé.

96 — Eisen père. — Scène pastorale. — Pierre Noire.

97 - Eisen (genre de). — Frontispice pour un almanach des Muses. — Plume, 1752.

98 — Etex (Alex.). — Amphitrite. — Crayon noir.

99 — d'Etoux. — Cour de ferme avec personnages et animaux. — Plume et sépia.

100 — Falconnet (Etienne). — Projet de fontaine monumentale, obélisque avec armes royales et figures allégoriques. — Plume et lavis.

101 — Farinati. — La Vierge présentant l'Enfant Jésus à divers saints. — Très beau dessin à la plume et au bistre.

102 — Fauchery (Augustine). — Huit dessins à la sépia exécutés vers 1830 pour *Almanach des demoiselles.*

103 — Favray (le chevalier). — Types de femmes de Malte. — Pierre noire et sanguine.

104 — Ferri (Carlo). — L'Assomption de la Vierge, importante composition pour plafonds. — Plume, lavée de bistre et de sanguine.

105 — Fielding (N.). — Cerf sous bois. — Aquarelle.

106 — Flamen. — Paysage hollandais. — Plume.

107 — Flandrin. — Saint Germain, figure exécutée pour l'église Saint-Germain-des-Prés.

108 — Floris Franck. — Mercure et les Danaïdes. — Plume et bistre.

109 — Floris Franck. — Triomphe de Vénus. — Plume et bistre.

110 — Floris Franck. — Diane et ses Nymphes. — Plume et bistre.

111 — Floris Franck. — Apollon et les Muses. — Plume et bistre.

112 — Floris Franck. — Salomon recevant la reine de Saba. — Très beau dessin à la plume et au bistre. — Signé. — Ex-collection G. Vallardi.

113 — Floris Franck. — Allégories mythologiques. — Plume et bistre.

114 — Fragonard (Honoré). — Les Œuvres de miséricorde. — Jolie composition au bistre, au verso, corybantes à la plume.

115 — Fragonard (Honoré). — Cour d'une villa. — Très joli dessin au bistre.

116 — Fragonard (Honoré). — Léda. — Dessin au bistre.

117 — Fragonard (Honoré). — Nativité. — Pierre noire. — D'après Benedetto. — Église Saint-Luc à Gênes.

118 — Fragonard (Honoré). — Divers croquis à la pierre noire, d'après les maîtres vénitiens.

119 — Fragonard (Honoré) (attribué à). — Bacchanale. — Lavis. — Au verso, croquis divers.

120 — Fragonard (attribué à). — Trois croquis à la sépia.

121 — Fragonard (attribué à). — Escalier et personnages dans un parc. — Gouache.

122 — Fragonard (A-E). — Sérénade nocturne. — Sépia, exécutée pour l'illustration des « Contes de Lafontaine ». — Signé.

123 — Gabel. — L'Enlèvement. — Plume et sépia. — Signé.

124 — Gabruzzi. — Titre pour un ouvrage. — Plume et buste. — Signé et daté, Rome 1788.

125 — Gaillard (F.) — Buste de femme. — Croquis sur une lettre adressée à l'artiste.

126 — Gaillard (F.) — Tête d'étude. — Crayon.

127 — Gaillard (F.) — Tête de femme âgée. — Crayon.

128 — Galetta. — La Lumière. — Sanguine. — Signé et daté 1778. — Cadre bois sculpté.

129 — Garofonino. — Le Triomphe de la Mort. — La Mort et le Combattant. — Deux beaux dessins à la plume.

130 — Garofonino (de Ferrare). — Deux frises concernant le Triomphe de la Mort. — Deux beaux dessins à la plume.

131 — Gavarni (attribué à). — Croquis divers à la plume.

132 — Gélibert (Jules). — Chiens épagneuls. — Aquarelle signée.

133 — Gengembre (Z). — Tête de chien. — Crayon rehaussé.

134 — Girardin. — Mendiants. — Lavis, xviiime siècle, signé.

135 — Giroux (Achille). — Chevaux à l'écurie. — Plume et lavis.

136 — Giuseppe d'Aretino. — Cavalier romain. Plume.

137 — Goerée. — Frontispice pour un ouvrage sur la Conquête de l'Amérique. — Plume et lavis.

138 — Goerée. – Les Muses remettant une lyre à un poète. — Frontispice au lavis.

139 — Goerée (J). — Frontispice pour l'ouvrage des costumes, usance des États d'Utrecht. Très beau dessin plume et bistre.

140 — Gois. — Le Sénat romain recevant la rançon d'un peuple. — Lavis, signé et daté an VII.

141 — Gontier (Linard). — L'Invention du rosaire. — Très beau projet de vitrail, plume, lavis de bistre, sanguine et pierre noire.

142 — Gonzales. — Scène théâtrale. — Plume.

143 — Goyen (J. Van). — Bords de l'Escaut. — Plume.

144 — Goyen (J. Van). — Paysage au lavis.

145 — Gratia (Louis). — Portrait de l'acteur Lafond. — Signé et daté 1850.

146 — Gravelot (genre de). — La Baigneuse épiée. — Plume.

147 — Greuze (J.-B.) — Tête de vieillard. — Étude aux crayons de couleur pour le « Paralytique servi par ses enfants. »

148 — Greuze (J.-B.) — Portrait de jeune garçon. — Sanguine.

149 — GREUZE (J.-B.) — Tête de jeune homme. — Étude à la sanguine pour le tableau du « Fils puni. »

150 — GREUZE (Jean-Bap.) — Tête d'homme. — Sanguine.

151 — GREUZE (J.-B.) Académie d'homme. — Sanguine.

152 — GREUZE (J.-B.) — Tête de jeune fille. — Sanguine. — Au verso, un croquis.

153 — GREUZE (J.-B.) — Bacchantes endormies. — Plume et lavis.

154 — GREUZE (Genre de). — Jeune mère pleurant son enfant. — Sanguine.

155 — GREUZE (d'après J.-B.) — Tête d'homme. — Sanguine.

156 — GROBON (F.-F.) — Tête de jeune femme couchée. — Mine de plomb.

157 — GUARDI (Francisco). — Vue de la colonne Trajane à Rome. — Bistre.

158 — GUARDI (attribué à). — Vue de Venise. — Gouache.

159 — GUERCHIN. — Turc. — Plume. — Cadre en bois sculpté.

160 — GUÉRIN (P.). — Le Jeu de l'amour. — Mine de plomb. — Signé. — Au verso, croquis.

161 — GOYA. — Intérieur de théâtre en Espagne. — Plume.

162 — Goya. — Intérieur d'un théâtre espagnol. — Plume.

163 — Haendel-Moke. — Intérieur d'une chartreuse. — Sépia. — Signé.

164 — Hall. — Portraits d'homme et de femme. — Mine de plomb. — Encadrés.

165 — Heideloff. — Salle de bal à l'époque de Louis XVI. — Plume et sanguine. — Signé.

166 — Hilair. — Femme grecque. — Crayons de couleur. — Encadré.

167 — Hubert (Robert). — Le Moulin à eau. — Plume et bistre. — Signé.

168 — Hubert (Robert). — La Fontaine antique. — Beau dessin à la sanguine.

169 — Hue (Ch.). — Marine. — Gouache.

170 — Huet (J.-B.). — Enfant et Chat. — Pierre noire.

171 — Huet (J.-B.). — Bergère et Troupeau. — Signée, datée 1781.

172 — Hy. — La Malade. — Plume.

173 — Inconnu. — Canons du xviime siècle, cinq feuilles. — Ports de mer avec galères, caravelles et autres vaisseaux du temps. — Plume et encre de Chine.

174 — Inconnu. — Vue du château de Vienne (Calvados). — Dessin exécuté en 1855.

175 — Inconnu. — Vignettes pour un roman du commencement du siècle.

176 — Inconnu. — Cours d'eau traversant une ville. — Aquarelle.

177 — Isabey (Jean-Bte). — Portrait en pied de Elleviou. — Aquarelle.

178 — Isabey (J.-B.). — Isabey et les frères Redouté se promenant en barque. — Plume et sépia.

179 — Jacque (Charles). — Le Buveur. — Crayon noir. — Signé du monogramme.

180 — Jacque (Ch.). — Troupeau de vaches à l'abreuvoir. — Croquis à la plume. — Signé Jum 1888, Ch. J.

181 — Janet-Lange. — Charge de cavalerie. — Plume et sépia.

182 — Janet-Lange. — Mort du porte-drapeau. — Plume et sépia.

183 — Janet-Lange. — Bataille de Wissembourg. — Crayon et lavis.

184 — Jeanniot. — Vase de verre et fleurs. — Plume.

185 — Jeanniot. — Homard. — Plume. — Signé.

186 — Jolivard (A.). — Vue de Coucy. — Très beau dessin à la mine de plomb. — Signé, daté 1839.

187 — Julienne. — Encadrement pour une prière à l'Enfant Jésus. — Mine de plomb et sépia.

188 — Krauss (I.-A.). — Portrait d'homme. — Aquarelle. — Signée.

189 — Lafosse (Charles de). — Amour. — Sanguine rehaussée.

190 — Lagrenée (François). — Dibutade. — Plume et lavis.

191 — Lagrenée (1772). — Étude de femme nue. — Sanguine. — Signée, datée.

192 — Lagrenée (l'aîné). — Pan surprenant Syrinx et ses compagnes. — Plume et bistre. — Signé et daté 1776.

193 — Lagrenée (l'aîné). — Vénus et l'Amour. — Sanguine.

194 — Landon (C.). — Vénus. — Très joli dessin à la sépia. — Signé. — Cadre en bois sculpté.

195 — Langendyck (Ant.-V.). — Hussards français combattant des cavaliers autrichiens en 1802. — Signé.

196 — Langendyck. — Infanterie française combattant de la cavalerie prussienne. — Très beau dessin d'un fini précieux. — Plume et lavis. — Signé et daté.

197 — Lauré (Philippe). — Daphné poursuivie. — Plume et lavis.

198 — Lançon (A.). — Tabarin au Pont-Neuf. — Mine de plomb.

199 — Lançon (A.). — Ourse et ses Petits. — Crayon et lavis.

200 — Lançon (A.). — Ours venant de pêcher un poisson. — Mine de plomb.

201 — Lançon (A.). — Panthères se désaltérant. — Lavis.

202 — Lançon (A.). — Lionne dévorant un homme. — Plume et lavis.

203 — Lanfranchi. — La Circoncision. — Plume et bistre.

204 — Lanfranco. — Sainte Madeleine agenouillée. — Plume et bistre.

205 — Laurent de la Hyre. — Atlas. — Sanguine.

206 — Lauri (Phil.). — Saint Jean. — Très beau dessin plume et bistre.

207 — Lebarbier. — Frontispice pour l'histoire de Pierre le Grand. — Bistre.

208 — Lebarbier. — Amazone. — Mine de plomb, et deux autres dessins pour le même ouvrage.

209 — Le Brun (Charles). — Apollon et les Muses. — Plume, lavé de bistre et rehaussé.

210 — Legentile. — Cour de ferme normande. — Aquarelle.

211 — Legentile. — Etang, forêt de Fontainebleau. — Aquarelle.

212 — Legentile. — Paysage bords de rivière. — Mine de plomb.

213 — Legentile. — Paysans auvergnats. — Fusain.

214 — Legentile. — Cour de ferme. — Crayon noir rehaussé.

215 — Legentile. — Maisons en Auvergne. — Crayon rehaussé.

216 — Legentile. — Étang des Fées, forêt de Fontainebleau. — Crayon rehaussé.

217 — Le Loup (Antoine). — La Tempête. Le Temps calme. — Deux marines au lavis. — Signées, datées de Spa, 1778.

218 — Lemoine. — Allégorie sur la « Jérusalem délivrée ». — Pierre noire rehaussée.

219 — Diane et ses Nymphes endormies. — Crayon noir et de couleurs rehaussé. — Cadre en bois sculpté.

220 — Lemoine (genre de). — La Jeune Mère. — Pierre noire et sanguine.

221 — Lemoine. — Projet de bas-relief frise d'Amours jouant de divers instruments. — Plume et bistre. — Portant l'inscription : Bas-relief de la salle de musique, dessiné et composé par Lemot, 1813. — Signé.

222 — Lemot. — Fontaine existant autrefois rue des Archives. — Plume.

223 — Lepaulle (G.). — Chiens terriers. — Aquarelle. — Signée, datée 1834.

224 — Lepautre (attribué à). — Deux Vases. — Plume et lavis.

225 — Leprince (J.-B.). — Sultane. — Beau dessin à la sanguine.

226 — Lesueur (attribué à Eustache). — La Mort de la Vierge. — Beau dessin à la sanguine.

227 — Lesson. — École turque. — Aquarelle.

128 — Liotard (genre de). — Marchande de noix. — Gouache.

229 — Lofwers (J.-H.), (1803). — Paysage hollandais. — Aquarelle. — Signée.

230 — Loo (Van). — Portrait du duc d'Enghien. — Crayon noir. — Encadré. — Signé.

231 — Loutherbourg. — Moutons. — Sanguine.

232 — Loutherbourg. — Chèvres et Moutons. — Sanguine.

233 — Loutherbourg. — Moutons. — Sanguine.

234 — Malaspina (Manfred). — Personnages en costume Louis XIII dessinant. — Plume.

235 — Marillier. — Frontispice pour un ouvrage. — Lavis.

236 — Marillier. — Flore et les Amours, projet de plafond. — Plume et lavis.

237 — Meissonier (attribué à E.). — Deux croquis à la mine de plomb pour Lazarille de Ternes.

238 — Meissonier (d'après E.). - Le Polichinelle. Aquarelle.

239 — Meulen (F. Van der). — Paysage et figures. — Croquis aquarellé.

240 — Michel-Ange (attribué à). — Études académiques diverses. — Dessin rehaussé.

241 — Michel-Ange (école de). — Décoration pour une voussure de monument. — Très beau dessin à la plume.

242 — Michel (Georges). — Moulins de la Plaine Saint-Denis. — Beau croquis au lavis.

243 — Michel (Georges). — Vue du château d'Arques. — Crayon lavé.

244 — Millet (Jean-François). — Le Pont de bois. — Fusain. — Signé du monogramme.

245 — Minghini (Paolo). — La Mort d'Adonis. — Beau dessin à la plume.

246 — Mini-Antonio. — Pâtre assis. — Pierre noire et sanguine rehaussée.

247 — Mitelli, xviie siècle. — Deux Modèles de cartouche. — Plume et bistre.

248 — Moitte. — (A.). — L'Amour prisonnier des Nymphes. — Dessin à la pierre noire, pour bas-relief.

249 — Moitte. — Femme, Études. — Pierre noire rehaussée.

250 — Moitte. — Femme drapée. — Pierre noire rehaussée.

251 — **Mola** (F.). — La Vierge apparaissant à saint Antoine de Padoue. — Plume et bistre.

252 — **Monnet**. — Octave et Cléopâtre. — Crayon et sépia.

253 — **Monnet**. — Télémaque et Mentor chez Calypso. — Plume et lavis. — Signé an XIII.

254 — **Monnet**. — Le Professeur et l'Élève. — Plume et lavis. — Vignette pour un livre.

255 — **Moreau** (Louis). — Deux Paysages. — Gouaches. — Cadres en bronze ciselé et doré de l'époque.

256 — **Moreau** (Louis). — Bords de la Seine. — Crayon légèrement teinté.

257 — **Morel-Fatio**. — Vaisseau en panne. — Mine de plomb.

258 — **Moucheron** (Frédéric). — Paysage. — Crayon et bistre. — Signé.

259 — **Moucheron** (Isaac). — Paysage historique avec figures. — Aquarellé. — Signé et daté 1720.

260 — **Muer** (C.-V.-D.). — Vaisseau en panne sur l'*Escaut*. — Très beau dessin à la plume sur vélin.

261 — **Natoire** (Charles). — Têtes de femmes. — Crayon rehaussé.

262 — Natoire (Ch.). — Femme nue courant. — Croquis à la sanguine rehaussé.

263 — Navlet (Joseph). — Concours de gymnastique à Versailles, 1883. — Aquarelle.

264 — Nether. — Marche devant une église en ruines. — Plume et lavis. — Signé.

265 — Nether. — La Forêt Noire. — Plume et lavis. — Signé, daté 1813.

266 — Netscher. — Portraits de femmes dans un parc. — Beau dessin à la sanguine. — Ex-collection Wallardi.

267 — Nicolle. — Vue de l'église et du canal de la Salute à Venise. — Aquarelle importante. — Signée.

268 — Nicolle. — Autre vue de Venise. — Aquarelle importante. — Signée.

269 — Nicolle. — Porche à Capri. — Aquarelle. — Signée.

270 — Nicolle (V.-I.). — Vue intérieure de l'église Saint-Vivien à Rouen. — Aquarelle.

271 — Nicolle. — Temple de Vesta à Rome. — Plume aquarellée.

272 — Nicolle. — Temple de la Fortune. — Plume aquarellée.

273 — Nicolle. — Porte de ville en Italie. — Dessin aquarellé.

274 — Nicolle. — L'Escalier du Pausilippe. — Dessin aquarellé.

275 — Nilson (attribué à). — Projet de frontispice. — Lavis aquarellé.

276 — Noel. — Effet de nuit. — Pastel.

277 — Noel — Paysages. — Deux Gouaches encadrées.

278 — Nousveaux. — Chute d'Interlaken. — Carte de visite à l'aquarelle.

279 — Opie. — Tête de jeune fille. — Sanguine.

280 — Opie. — Fillette, jeune garçon et personnage en buste. — Sanguine.

281 — Ostade (Adrien Van). — Intérieur d'estaminet flamand. — Plume lavée de bistre (quatre figures). — Beau dessin provenant de la collection Camberlyn.

282 — Oudy (d'après). — La chatte métamorphosée en femme. — Dessin au lavis et deux autres dont un aquarellé.

283 — Overback (Antoine). — Portrait d'homme. — Plume. — Signé, daté 1750.

284 — Ozanne. — Vue d'une île basaltique. — Lavis.

285 — Palamedes. — Portrait équestre du Roi Louis XIII. — Beau dessin au bistre.

286 — Palamedes. — Portrait équestre du duc d'Albe. — Beau dessin à la plume et au bistre.

287 — Palmerius. — Divers Croquis à la plume. — Signés.

288 — Valma le Vieux. — Gloire du christianisme, plafond. — Beau dessin au bistre.

289 — Parmesan (genre de). — Jupiter et les Dieux. — Plume et lavis.

290 — Parmesan. — Jésus et la Femme adultère. — Plume et bistre. — Une belle et importante composition.

291 — Parmesan (École de). — Scène historique romaine. — Lavis rehaussé.

292 — Parrocel (Charles). — Portrait du baron de Besval. — Étude de mains. — Deux dessins à la sanguine.

293 — Parrocel (Charles). — Cavalier. — Sanguine.

294 — (J.-B.). — Personnage de la comédie italienne. — Sanguine.

295 — Pau de S. Martin. — Animaux au pâturage. — Très beau dessin à la pierre noire. — Signé et daté 1782.

296 — Pensec (C.). — Vallée en Normandie. — Aquarelle.

297 — Perret. — Clairière, forêt de Bondy. — Étude peinte à l'huile.

298 — Perret. — Lisière de forêt. — Étude à l'huile.

299 — Perret. — Paysage. — Étude à l'huile.

300 — Peyre. — Trophée militaire. — Plume et lavis. — Signé et daté an XIII.

301 — Philippon (Ch.). — *Je vous aime, Adolphe, vous le savez*, etc. — Aquarelle.

302 — Philippon (Charles). — *Allons, ne vas-tu pas faire la grimace au cousin.* — Aquarelle.

303 — Pils. — Le Donjon de Vincennes. — Plume.

304 — Pierre (J.-B.). — Jésus entouré de Chérubins. — Plume, fort gracieuse composition de plus de vingt figures.

305 — Pierre (J.-B.). — Femme nue assise tenant une colombe. — Très beau dessin à la sanguine. — Pierre noire, rehaussée de blanc.

306 — Pietro da Cortona. — Le Triomphe de Neptune et d'Amphitrite. — Très beau dessin à la plume lavé de bistre. — Très importante composition, signée. — Ex-collection Richardson,

307 — Pille (Henri). — Frontispice pour l'histoire du costume de la femme. — Plume. — Signée.

308 — Pillement (Jean). — Paysage.

309 — Poggi (R.). — La Province perdue. — Dessin sur papier Gillot.

310 — Pollard. — Chenil du duc de Strafford. — Aquarelle.

311 — Porbus (École de). — Portrait de femme. — Très beau dessin à la pierre noire.

312 — Prats. — Très beau modèle de chenet. — Dessin à la plume et au lavis portant la mention : « Chenet dessiné pour le prince Belgiojoso, par G. Prats, en 1810 ».

313 — Prevost (1773). — Portrait d'homme, vu de profil. — Mine de plomb. — Signé et daté.

314 — Prud'hon (Pierre-Paul). — Faune. — Pierre noire rehaussée. — Ex-collections Jules Boilly. — L. M. — C. G.

315 — Prud'hon (P.-P.). — La Vengeance divine poursuivant le crime devant la justice humaine. — Croquis esquisse. — Pierre noire rehaussée. — Provient de la collection Gombaud.

316 — Prud'hon (genre de). — Sapho. — Crayon non rehaussé.

317 — Quartemont. — Nature morte, — Lavis sur vélin.

318 — Quast-Pieter. — Jésus devant Pilate. — Dessin sur vélin à la mine d'argent. — Ex-collection sir Josua Reynolds. — Très beau dessin.

319 — Rajon. — Tête de jeune fille. — Fusain.

320 — Rascalon. — Intérieur d'une église gothique. — Sépia. — Signée.

321 — Rauch. — Tombeau de saint Louis à Saint-Denis. — Aquarelle. — Signée.

322 — Regemorter. — Marchand ambulant faisant ses offres à divers personnages groupés dans une rue. — Très belle aquarelle.

323 — Richard (L.). — Intérieur de forêt. — Aquarelle. — Signée datée 1889.

324 — Rembrandt (Van Ryn). — Abraham et Agar. Très beau dessin à la plume.

325 — Rembrandt (Van Ryn) (attribué à). — Rabbin. — Plume. — Feuille de croquis divers, plume et crayon.

326 — Rembrandt (Van Ryn) (attribué à). — Cavalier. — Plume.

327 — Rembrandt (Van Ryn) (attribué à). — Cavalier. — Plume.

328 — Rembrandt (Van Ryn) (attribué à). — Cavalier. — Très jolis croquis à la plume.

329 — Rembrandt (Van Ryn) (attribué à). — Personnage se chaussant. — Plume.

330 — Rembrandt (Van Ryn) (attribué à). — Figure de rabbin, et autre. — Croquis à la plume.

331 — Rembrandt (Van Ryn) (attribué à). — Feuille de croquis à la plume, personnages bibliques.

332 — Rémond. — Rue de village. — Aquarelle.

333 — Robecchi. — Vue panoramique de Venise. — Gouache.

334 — Robecchi. — La Tour de Nesle et le vieux Paris. — Crayon rehaussé.

335 — Robecchi. — Vue de Venise. — Gouache.

336 — Robertson. — Vallée de la Clyde. — Aquarelle.

337 — Rosso. — Pomone et Amours. — Plume et bistre. — Beau dessin. — Ex-collection J. Dupan.

338 — Rivoire. — Scène d'intérieur. — Aquarelle, 1830.

339 — Rubens (Ecole de). — Portrait de femme. — Dessin aux crayons de couleurs.

340 — Saint-Aubin (attribué à G. de). — Le bœuf gras devant le dépôt des gardes françaises en 1775. — Mine de plomb.

341 — Saint-Aubin (Gabriel de). — Réunion au salon. — Pierre noire. — Fort joli dessin composé de dix personnages.

342 — Saint-Aubin. — Le Vice forcé dans ses retranchements. — Pierre noire. — Composition connue par la gravure.

343 — Saint-Aubin (Auguste de) (genre de). — Le jeu du cerceau. — Pierre noire. — Très joli dessin.

344 — Saint-Aubin (attribué à). — Le départ pour la chasse. — Pierre noire.

345 — Sallevia. — Apothéose de l'Amour, très belle composition pour plafond. — Plume et bistre.

346 — Sauvage. — Enfants. — Trois frises au lavis.

347 — Sauvage. — Enfants. — Imitation de bas-relief en bronze.

348 — Schenan. — L'Évanouissement d'Esther. — Lavis. — Signé daté 1779.

349 — Schenan. — Le Confessional. — Plume. Aquarellé.

350 — Schiaroné (Andréa). — Jésus guérissant des malades et affligés. — Plume et bistre rehaussé.

351 — Schæn (Martin). — Personnage assis, la main gauche soutenant un livre et tenant de la droite une baguette. — Très beau dessin d'un grand caractère rehaussé de blanc. — Daté 1496.

352 — Schoenwerck. — La Prière. — Crayon noir rehaussé.

353 — Schommer (F.). — Figure pour le plafond du théâtre d'Oran. — Crayon noir.

354 — Sigaton. — Les Trompettes du jugement dernier. — Plume.

355 — Slodtz (M. Ange). — Deux cariatides. — Croquis à la pierre noire. — Signés.

356 — SOLIMENE. — Un Conclave. — Très beau dessin et importante composition. — Plume lavée de bistre.

357 — SOMM (H.). — Jeune femme en tenue de ville. — Plume.

358 — SOMM (H.). — Jeune femme choisissant un objet d'art. — Aquarelle.

359 — SOMM (H.). — L'Escalier. — Nombreux croquis aquarelle.

360 — SOMM (H.). — L'Éléphant. — Livret illustré et aquarellé par l'auteur.

361 — SOMM (H.). — Croquis à la plume et au lavis.

362 — SOMM (H.). — Jeune Élégante portant deux lapins. — Aquarelle. — Signée. — Au verso, croquis pour un menu.

363 — SOMM (H.). — Prêtre, savant et noceur. — Trois croquis à la plume. — Signés.

364 — SOMM (H.). — Seule au rendez-vous. — Aquarelle.

365 — SOMM (H.). — Tête de jeune femme. — Aquarelle.

366 — SOMM (H.). — Allant au rendez-vous. — Aquarelle.

367 — SOMM (H.). — Un Ci-devant. — Aquarelle.

368 — SOMM (H.). — La Boîte à lettres. — Aquarelle.

369 — SOMM. (H.) — Sur la plage. — Aquarelle.

370 — Somm (H.). — Elle attend l'omnibus. — Aquarelle.

371 — Somm (H.). — Ma chère, il viendra. — Aquarelle.

372 — Somm (H.). — Comment! ils sont si laids. — Aquarelle.

373 — Somm (H.). — Sous les armes. — Aquarelle.

374 — Somm. (H.). — Viendra-t-il? — Aquarelle.

375 — Somm (H.) — Air provocant. — Aquarelle.

376 — Somm (H.) — J'y vais. — Aquarelle.

377 — Somm (H.). — Le voilà déjà. — Aquarelle.

378 — Somm (H.). — Sur la pelouse. — Aquarelle.

379 — Somm (H.). — Les Victimes. — Aquarelle.

380 — Somm (H.). — Portrait. — Aquarelle.

381 — Somm (H.) — Mme Barbe-Bleue. — Aquarelle.

382 — Somm (H.). — Philosophe chinois pêchant. — Aquarelle.

383 — Somm (H.) — Japonaise. — Plume.

384 — Somm (H.). — En trouverai-je un? — Plume.

385 — Somm (H.). — Laquelle prendre? — Plume.

386 — Somm (H.). — Est-ce bien lui? — Plume.

387 — Swebach-Desfontaines. — Danse au bivouac. — Dessin aquarellé.

388 — Swebach-Desfontaines. — Marche d'armée. — Dessin à l'essence.

389 — Tacca (Pietro). — Fontaine de Neptune érigée à Florence. — Plume et bistre.

390 — Testa (Pietro). — Charité de Tobie. — Très remarquable, dessin rehaussé de gouache.

391 — Théophile. — Portrait d'un artiste. — Mine de plomb. — Signé.

392 — Thienon. — Vue du Pont-Neuf sur le petit bras de la Seine.

393 — Tiepolo (J.-B.). — Groupe de personnages pour décoration de plafond. — Plume et bistre.

394 — Tiepolo (J.-B.). — Mars, Statue. — Plume et lavis.

395 — Tiepolo (Dom). — Deux dessins allégoriques pour plafonds. — Plume et bistre.

396 — Tiepolo (Genre de). — Lutteurs. — Sanguine.

397 — Tintoret (Jacopo Robuste, dit). — Groupe de figures pour une nativité. — Plume et bistre. — Collection Mariette.

398 — Traviès. — M. Mayeux au coin de la rue des Filles-Dieu. — Plume avec légende.

399 — Traviès. — M. Mayeux lorgnant une danseuse. — Plume.

400 — Trevisani. — La Vierge apparaissant à sainte Thérèse. — Plume et bistre.

401 — Ulft. — (J. Vander). — Martyre d'un saint. — Plume et lavis. — Signé, daté 1652.

402 — Ven (Van de). — Canal glacé avec patineurs. — Plume et lavis.

403 — Vence. — Apothéose pour la ville de Venise, motif du plafond. — Plume et bistre.

404 — Vincent. — Portrait d'homme en pied. — Pierre noire rehaussée.

405 — Verminth (Jules de). — Jardin des Tuileries. — Mine de plomb. — Signée et datée, janvier 1851.

406 — Vernet (Joseph). — Vaisseau sur la Seine; au fond, les Tuileries. — Lavis.

407 — Vernet (Carle). — Quatre dessins, soldats de l'époque Louis XVI. — Mine de plomb sur vélin. — Signés et datés.

408 — Vernet (Carle). — Jockey anglais. — Mine de plomb. — A été gravé par Debucourt.

409 — Vernet (Carle). — Saltimbanque en plein vent. — Plume et bistre.

410 — Vernet (attribué à C.). — Promenade aux Champs Élysées. — Plume et lavis.

411 — Vernet (Horace). — Scène de l'indépendance grecque. — Aquarelle.

412 Vernot. — Le Ruisseau. — Aquarelle — Signée.

413 — Vogel. — Vue à Monaco. — Plume.

414 — Waldorp (J.-G). — Portrait d'un seigneur présumé être Montaigne. — Crayon noir.

415 — Watteau (A.). — Tête d'homme coiffée d'un tricorne. — Sanguine.

416 — Watteau (Louis). — Femme et Enfants. — Dessin aquarellé.

417 — Weirotter. — Masures. — Lavis. — Signé, daté 1766.

418 — Weizer (D.). — Paysanne de la Frise. — Crayon noir.

419 — Wille (J.-G.). — Tête de jeune fille. — Sanguine.

420 — Wille (P.-A. fils). — Portrait d'enfant. — Sanguine. — Signée, datée 1781.

421 — Wille (P.-A.). — Portrait de Préville. — Beau dessin à la sanguine. — Signé et daté 1770.

421 *bis* Williams (J.). — Paysage. — Aquarelle.

422 — Wischer (J.-C.). — Rue à Berne. — Aquarelle. — Signée, datée 1847.

423 — Wouvermans (Philippe). — Palefrenier faisant reposer son cheval. — Très belle gouache d'une exécution précieuse.

424 — Wulp (baron de Renesse de). — Vue de Gibraltar. — Plume. — Signée, datée 1570.

425 — Zémann. — Flotte hollandaise. — Lavis.

426 — Zémann. — Combat naval.

427 — École anglaise, xviiime siècle. — Tête de femme. — Sanguine.

428 — École anglaise, 1830. — Jeune fille assise vue en buste. — Aquarelle.

429 — École flamande. — Repas champêtre. — Plume.

430 — École française. — Portrait de Monstrelet. — Gouache du xviiime siècle, rehaussée d'or.

431 — École française, xviiime siècle. — Portrait d'Anne d'Autriche. — Gouache rehaussée d'or.

432 — École française, xvime siècle. — Douze dessins gouaches du xvime siècle.

433 — École française. — Vue du château de Pontgibaud. — Daté 5 mai 1785.

434 — Ecole française, xviiime siècle. — L'Amour liant deux cœurs. — Médaillon ovale aquarellé.

435 — École française, xviiime siècle. — Ruines. — Sépia.

436 — École française, xviiime siècle. — Feuille d'éventail, Fête villageoise. — Peinture à la gouache sur vélin.

437 — École française, xviiime siècle. — Le concert. — Lavis.

438 — ÉCOLE FRANÇAISE. — Famille du duc de Parme. — Sépia reproduite par la gravure.

439 — ÉCOLE FRANÇAISE, XVIIIme siècle. — Jeune mère allaitant son enfant. — Plume.

440 — ÉCOLE FRANÇAISE, XVIIIme siècle. — Scène villageoise. — Dessin aquarellé.

441 — ÉCOLE FRANÇAISE. — Portrait du duc d'Albe. — Pierre noire et sanguine. — Dessin du temps.

442 — ÉCOLE FRANÇAISE. — Bergère filant. — Plume lavée de sanguine.

443 — ÉCOLE FRANÇAISE, 1830. — Secours à un malheureux. — Sépia pour une vignette.

444 — ÉCOLE HOLLANDAISE, XVIIIme siècle. — Fête autour d'une statue de souverain. — Plume sur vélin.

445 — ÉCOLE ITALIENNE. — Toilette de Psyché. — Bistre, XVIIIme siècle.

446 — ÉCOLE ITALIENNE, XVIIIme siècle. — Quatre motifs pour panneaux de voiture. — Plume et lavis.

447 — ÉCOLE ITALIENNE. — Têtes de Chérubins. — Sanguine.

448 — ÉCOLE ITALIENNE. — Mutius Scœvola. — Plume.

449 — ÉCOLE ITALIENNE. — Éruptions du Vésuve. — Deux gouaches anciennes.

450 — École russe, époque de 1830. — Vue d'un corps d'armée sur une place de St-Pétersbourg. — Gouache.

451 — École russe. — Vue d'une Basilique de St-Pétersbourg. — Gouache avec nombreuses figures, exécutée vers 1830.

451 *bis*. — École de Berghem. — Le Départ pour le marché. — Peinture à l'huile.

451 *ter*. — École de Berghem. — Surpris par l'orage. — Peinture à l'huile.

451 *quater*. — Carton de dessins par Van Dyck, Potter, J. Dupré et des maîtres italiens. Ex-collection Victor Maziès.

DESSINS ANCIENS

Exécutés pour les Théâtres royaux

AU XVIIIme SIÈCLE

NOTA. — Presque tous portent au revers la mention suivante : *Service des Menus-Plaisirs*, et la date.

---

452 — ANONYME. — Une Déesse. — Lavis. — Menus, 1768.

453 — BÉRAIN. — Danseur. — Pierre noire.

454 — CARMONTELLE. — Femme du corps de ballet en costume à paniers dans *Castor*. — Lavis aquarellé.

455 — CARMONTELLE. — Danseur, pendant du précédent. — Ces deux dessins ont été reproduits en gravures.

456 — ÉCOLE FRANÇAISE, XVIIIme siècle. — Danseuse en costume à paniers. — Bistre.

457 — ÉCOLE FRANÇAISE, XVIIIme siècle. — Danseurs, costume de houssard. — Danseuse, costume de campagne. — Gouaches.

458 École française, xviiime siècle. — Bergère, costume théâtral. — Gouache.

459 — École française. — Berger grec. — Bergère grecque.

460 — Gilbert. — Personnage équestre, comique.

461 — Gilbert. — Personnage comique. — Dessin à la pierre noire, provenant des menus plaisirs du Roi.

462 — École française, xviiime siècle, — Lekain? dans le rôle de Porus. — Bistre.

463 — Slovtz (Michel-Ange). — Mlle Guimard, costume pour *Amour pour amour*, Versailles, 1765. — Plume, provenant des menus plaisirs du Roi.

464 — Slovtz (Michel-Ange). — Mlle Guimard dans *la Fée Urgel*, Fontainebleau, 1765. — Même provenance.

465 — Slovtz (M.-A.). — Mlle Larrue dans *Amour pour amour*. — Même provenance.

466 — Slovtz. — (M.-A.). — Joueuse d'instrument, *Fée Urgel*. — Même provenance.

467 — Sultane. — Lavis. — Menus, 1768.

GRAVURES ANCIENNES

De l'École française, XVIIIme Siècle.

---

468 - BAUDOUIN. — Le Coucher de la mariée. — Belle épreuve.

469 — BAUDOUIN. — L'Épouse indiscrète. — Belle épreuve.

470 — BAUDOUIN. — Marchez tout doux, parlez tout bas. — Belle épreuve avant le titre.

471 — BAUDOUIN. — La Rencontre dangereuse. — Belle épreuve.

472 — CARESME. — Bacchanale. — Belle épreuve en couleur, par Janinet.

473 — FRAGONARD. — Le Verre d'eau. — Belle épreuve.

474 — FRAGONARD. — La Fuite à Dessin. — Belle épreuve.

475 — GARBEZZA. — Trois vues de Paris, n°s 2, 3, 4.

476 — GREUZE. — La Voluptueuse. — Belle épreuve.

477 — JOULLAIN. — La Toilette. — L'Heureux Chat. — Deux pièces en couleur, par Bonnet.

478 — Lavreince. — Le Contretemps. — Très belle épreuve.

479 — Lavreince. — Les soins mérités. — Belle épreuve.

480 — Lavreince. — Lever des ouvrières en modes.

481 — Le Peintre. — Le Danger de la bascule. — Belle épreuve à deux tons.

482 — Lavreince. — Qu'en dit l'abbé ? — Belle épreuve.

483 — Legrand (Aug.). — Le Bât. — Très belle épreuve.

484 — Paroy. — Trois épreuves, eaux-fortes, imprimées au bistre pour têtes de chapitres.

485 — Smith. — A Maid. — Gravure en couleur.

486 — Taunay. — Histoire de Paul et Virginie. — Six pièces en couleur, par Descourtys.

487 — Wille. — L'Essai du corset. — Très belle épreuve avant toutes lettres.

DESSINS ANCIENS

ORNEMENTAUX

Du XVIme au XIXme Siècle.

---

488 — Adam. — Projet pour fontaine monumentale, goût rocaille. — Plume et crayon.

489 — Andriani (Joseph). — Frontispice pour un ouvrage musical dû à l'auteur. — Plume et gouache. — Très jolie composition, signée et datée 1792.

490 — Anonyme. — Décoration exécutée pour le salon bleu de la duchesse de Berry. — Aquarelle.

491 — Anonyme. — Cartouche pour un plan de Saint-Cloud, dédié au duc de Chartres, par le S. Parent, ingénieur. — Sanguine.

492 — Bibiena. — Portique d'un palais. — Plume et bistre.

493 — Bigot. — Arc de triomphe aux armes de France. — Lavis. — Signé. — Arc de triomphe dessiné par Bigot en 1752.

494 — Blondel. — Cinq feuilles, modèles de cheminées surmontées de glaces. — Plume. — Ont été gravés.

495 — Boschot. — Quatre Vases pour orfèvrerie. — Lavis.

496 — Boschot. — Encadrement, composé de sphinx et attributs divers. — Gouache. Signée de monogramme.

497 — Bouchardon (Edme). — Orfèvrerie. — Modèle de vase. — Sanguine.

498 — Brun. — Projet d'arc de triomphe à la gloire de la Grande Armée. — Plume. — Signé.

499 — Cassiono del Pozzo. — Frise composée de figures et rinceaux. — Plume. — Signé, daté 1619.

500 — Cauvet. — Double motif pour dessus de porte ou panneau. — Très beau dessin. — Plume et lavis.

501 — Cauvet. — Motif pour panneau ornemental. — Bistre.

502 — Cauvet. — Modèle pour un tapis de pied. — Plume et lavis.

503 — Cauvet. — Modèle de lampe quinquet. — Beau dessin à la plume.

504 — Cauvet (attribué à). — Modèle de chaise et fauteuil Louis XVI, avec échelle et proportion. — Plume et lavis.

505 — CAUVET (attribué à). — Panneau pour appartement, portant l'inscription suivante : « Arabesque faite chez M. de Roussi, au Vigan, en 1790 ».

506 — CAUVET (attribué à). — Motif pour plafond. — Plume et lavis.

507 — CAUVET (manière de). — Frise, figure, trophées, griffons et rinceaux. Plume et lavis.

508 — CLODION (C. Michel, dit). — Groupe d'enfants Bacchants. — Sanguine.

509 — DELAFOSSE. — Lit sculpté avec son dais et ses tentures.

510 — DELAFOSSE. — Chaire à prêcher avec banc-d'œuvre. — Très beau et remarquable dessin au bistre.

511 — DELAFOSSE. — Modèle de tabernacle. — Plume et bistre.

512 — DELAFOSSE. — Attributs de la géographie. — Plume aquarellée.

513 — DELAFOSSE. — Trophée d'instruments de musique. — Plume et lavis.

514 — DELAFOSSE. — Chaire à prêcher avec banc-d'œuvre. — Très remarquable dessin au bistre.

515 — DELAFOSSE. — Cartouche pour dessus de porte. — Plume et lavis.

516 — DELLA-BELLA. — Deux frises à doubles motifs. — Beaux dessins à la plume.

517 — Desportes. — Aigles volants. — Croquis à la plume.

518 — d'Ixnard, époque Louis XVI. — Encadrement d'une niche. — Plume et bistre. — Signé d'Ixnard F.

519 — Duplessis. — Vase avec Tritons et Amours. Mine de plomb.

520 — E. S. — Cartouche dans le style du xvie siècle. — Plume.

521 — Fontaine. — Décoration murale. — Crayon.

522 — Fontaine. — Décoration pour une alcôve. — Sépia.

523 — Gabriel. — Apothéose des Arts. — Très beau plafond. — Plume et lavis.

524 — Gillot (attribué à). — Escalier et terrasse d'un château. — Beau dessin à la mine.

525 — Hubert (Robert). — Grotte rocaille avec personnages pour décoration d'un parc.

526 — Inconnu. — Projet de fontaine monumentale à la gloire de Napoléon le Grand. — Dessin du premier Empire au lavis.

527 — Inconnu. — Plan de l'appareil à gaz hydrogène pour les ballons en 1784. — Plume aquarellée.

528 — Kurtz (Alexandre). — Monument funéraire du maréchal Suchet, duc d'Albuféra. — Mine de plomb. — Signé.

529 — Lajoue. — Deux compositions de goût rocaille pour fontaines de jardin. — Plume et lavis.

530 — Lavallée Poussin. — Panneau d'arabesques. Plume et lavis aquarellé.

531 — Lebas (Hippolyte). — Motif d'architecture romano-gothique. — Très beau dessin aquarellé.

532 — Lebas (Hippolyte). — Voussures d'un plafond style Renaissance. — Dessin au bistre.

533 — Lenepveu. — La Peinture, la Musique, la Danse. — Quatre groupes de figures exécutées pour l'Opéra de Paris.

534. — Louis. — Projet de monument pour un service public avec fronton aux armes royales.

535. — Mea (Jules). — Encadrement de style gothique pour un alphabet. — Mine de plomb. — Signé.

536 — Meissonier. — Trois décorations intérieures pour appartements. — Crayon et plume.

537 — Meissonier ou Mariette. — Intérieur d'appartement portant la mention suivante:

« Plan, élévation et profil d'un buffet niches dans lesquelles il y a deux cascades et un tableau, chez monsieur Thévenin à Paris. »

538 — Moullin (Louis). — Le Salon de l'Impératrice à Biarritz. — Beau dessin aquarellé. — Signé.

539 — Nilson. — Encadrement pour un portrait. — Beau motif rocaille ovale avec cartouche pour l'inscription. — Sanguine.

540 — Nilson. — Encadrement pour le portrait d'un cardinal, motif rocaille, surmonté du chapeau et entouré de vases sacerdotaux. — Lavis.

541 — Pajou (attribué à). — Projet de fontaine pour une ville maritime. — Très beau dessin aquarellé.

542 — Percier. — Modèles de fauteuil et fauteuil de bureau. — Crayon.

543 — Percier. — Gaine avec lustre et lampadaire. — Aquarelle. — Reproduit dans l'œuvre de Percier.

544 — Percier. — Modèle de fauteuil, bois et bronzes dorés. — Aquarelle.

545 — Percier. — Décoration intérieure pour un cabinet d'antiquités. — Gouache.

545 *bis* Percier. — Décoration intérieure pour un salon.

546 — Percier. — Modèle de lustre à quatre lumières. — Gravé dans l'œuvre de cet artiste.

547 — Percier. — Gaine ajourée avec lustre. — Aquarelle. — Reproduit dans l'œuvre de Percier.

548 — Percier. — Cheminée sculptée, marbres de couleur. — Aquarelle.

549 — Poggi (R.). — Moïse, d'après Michel-Ange.— Dessin sur papier Gillot.

550 — Pordenone. — Repas de la Sainte-Famille. Plume.

551 — Puget (Pierre). — Masque formant console. Pierre noire.

552 — Queverdo. — Très beau panneau décoratif. — Mine de plomb.

553 — Raulin. — Motif de dessin pour étoffe de soie. — Pierre noire. — Signé.

554 — Ranson. — Modèle d'écran. — Plume et lavis.

555 — Ranson. — Trophée champêtre. — Pierre noire.

556 — Ranson (Genre de). — Ornements allégoriques. — Gouache.

557 — Rascalon. — Ancienne frise de rinceaux. — Lavis. — Signé, daté 1790.

558 — Raulin. Autre projet de dessin pour soierie. — Signé R *fecit.*

559 — Raulin. — Motif de fleurs et fruits ; modèle pour soierie. — Pierre noire et sanguine. — Signé.

560 — Raulin. — Motif de fleurs, dessin pour étoffe. — Pierre noire et sanguine. — Signé.

561 — Riesener (H.). — Salle, style Renaissance, avec meubles et décorations intérieures. — Plume.

562 — Riesener (H.). — Modèle de meuble à trois tiroirs, genre chiffonnier, orné de bronzes de couleurs et dorés, époque Louis XVI. — Aquarelle.

563 — Riesener (H.). — Modèle de cheminée surmontée d'une glace, style Renaissance. — Lavis aquarellé. — Signé.

564 — Riesener (H.). — Modèle de meuble-buffet, style Renaissance. — Lavis aquarellé. — Signé.

565 — Riesener (H.) (attribué à). — Frontispice pour le journal *les Beaux-Arts*. — Mine de plomb.

566 — Slodtz (M.-Ange). — Modèle de torchère surmonté d'un chérubin tenant la tiare, destiné au culte. — Très beau dessin à la sanguine.

567 — Slovtz (Michel-Ange) (Genre de). — Orfèvrerie, modèle de candélabre à deux lumières portées par un Amour. — Crayon et bistre.

568 — Sylveyra. — Motif de style gothique, décoration d'appartement et plafond.

569 — Tiepolo (Dom). — Divers cartouches sur une seule feuille. — Bistre. — Signé.

570 — Ecole allemande, XVIIe siècle. — Modèle de chaire à prêcher. — Plume et lavis.

571 — Ecole anglaise, époque Louis XVI. — Feuille de croquis pour décorations de plafonds.

572 — Ecole anglaise, époque Louis XVI. — Divers croquis d'ornementation pour plafonds.

573 — Ecole chinoise. — Deux feuilles d'arbres décorées de paysages, peints à la gouache.

574 — Ecole flamande, XVIIe siècle. — Très beau cartouche ovale contenant des armoiries entourées de rinceaux et surmontées d'un cimier. — Plume et lavis.

575 — Ecole française XVIIIme siècle. — Bijouterie. — Modèle de châtelaine et de boucles.

576 — École française, époque Empire. — Orfèvrerie. — Modèle de sahère. — Plume et sépia.

577 — École française, 1815. — Encadrement pour reliure ou frontispice d'un livre. — Aquarelle.

578 — École française, époque Louis XVI. — Trophée d'armes pour dessus de porte. — Plume et lavis.

579 — École française, xviiime siècle. — Orfèvrerie. Modèle de vase cassolette. — Sanguine.

580 — École française, xviiime siècle. — Modèle de dais soutenu et surmonté de figures décoratives. — Plume et bistre.

581 — École française. — Projet de portique pour le mariage de Marie-Antoinette. — Plume et bistre.

582 — École française, xixme siècle. — Modèle de cheminée de style Louis XVI. — Plume et lavis.

583-584 École française, xviiime siècle. — Modèle de pendule à portique. — Plume et bistre.

585 — École française. — Décoration d'appartement, époque Louis XVI. — Plume.

586 — École française. — Motifs divers, groupes, bas-relief, et couronne royale. — Plume et lavis.

587 — École française, premier Empire. — Décoration intérieure, bronzes et acajou. — Plume.

588 — École française, époque Louis XVIII. Dessus de porte, couronne et fleur de lis. — Lavis.

589 — École française, xixme siècle. — Motif de plafond. — Bistre et gouache.

590 — École française, époque du premier Empire. Modèle de lustre, bronze et cristaux.

591 — École française. — Modèle de poêle dans sa niche. — Plume et lavis.

592 — École française, époque Louis XVI. — Modèle d'alcôve. — Plume et lavis.

593 — École française, XVIIIme siècle. — Deux panneaux décoratifs, attributs de chasse. — Lavis.

594 — École française, XVIIIme siècle. — Projet de dessus de porte, — Plume et lavis.

595 — École française. — Croquis pour incrustations de cuivre et d'étain,genre de Boulle. Plume et lavis.

596 — École française. — Projet d'arc de triomphe. — Plume et lavis.

597 — École française, XVIIIme siècle. — Deux motifs pour voussures. — Plume et bistre.

598 — École française, premier Empire. — Façade du magasin de Richard Desruez, pharmacien à Paris. — Aquarelle.

599 — École française, premier Empire. — Frise à griffons et rinceaux. — Plume.

600 — École française, époque Louis XVI. — Plafond à rinceaux, Amours et perspective.

601 — École française, époque Louis XVI. — Façade d'un théâtre et coupe avec une vue de la scène.

602 — École française, époque Louis XVI. — Coupe d'une maison avec décorations intérieures. — Aquarelles.

603 — École française, xviiime siècle. — Cartouche entouré de rinceaux et de figures de religieuses. — Gouache sur fond or.

604 — École française, xixme siècle. — Très beau modèle de plafond, style Louis XVI. — Aquarelle.

605 — École française, premier Empire. — Frises avec Amours, griffons, rinceaux et médaillons. — Plume et lavis.

606 — École française, xixme siècle. — Décoration pour les bains froids, dits de Ligny. — Paris, 1851.

607 — École française. — Décoration pour le ballon l'*Aigle*, hippodrome 1850. — Aquarelle.

608 — École française, xixme siècle. — Projet de fronton pour un monument militaire.

609 — École française, fin du xviiime siècle. — Modèle de théière. — Mine de plomb.

610 — École française, époque Louis XVI. — Très beau trophée d'instruments de musique, fleurs et palmes avec chiffre couronné au centre. — Aquarelle gouachée.

611 — École française, premier Empire. — Rinceaux avec têtes de cygne. — Plume.

612 — ÉCOLE FRANÇAISE, premier Empire. — Frise avec aigles, guirlandes et attributs divers. — Plume et lavis.

613 — ÉCOLE FRANÇAISE, XVIIIe siècle. — Façade de l'hôtel de Balincourt, à Paris. — Plume et lavis.

614 — ÉCOLE FRANÇAISE, époque Louis XVI. — Vase à frise d'amour et anses formées de torses de femme. — Plume et lavis.

615 — ÉCOLE FRANÇAISE, XVIIIme siècle. — Façade de l'église de Soleure. — Lavis.

616 — ÉCOLE FRANÇAISE. — Orfèvrerie. — Modèle pour une épée, époque Louis XVI. — Crayon.

617 — ÉCOLE FRANÇAISE. — Double cartouche surmonté d'une couronne ducale. — Plume et lavis.

618 — ÉCOLE FRANÇAISE, premier Empire. — Très beau dessin, soit pour un parquet en mosaïque ou tapisserie. — Lavis.

619 — ÉCOLE FRANÇAISE, époque Louis XVI. — Deux motifs pour pilastre et panneau d'appartement. — Plume.

620 — ÉCOLE FRANÇAISE, XVIIme siècle. — Deux projets de portes cochères, époque Louis XIV.

621 — École française. — Meuble, forme demi-lune, avec armoire centrale et étagères latérales. — Style de Riesener, époque Louis XVI. — Lavis.

622 — École française, XVIIIme siècle. — Projet de dessus de porte. — Plume et bistre.

623 — École française, XVIIme siècle. — Vantail d'une porte, bois sculpté ou ferronnerie. — Plume et bistre.

624 — École française, Première République. — Projet de monument ou façade pour la Loterie nationale, avec tableaux pour les numéros sortis des villes : Strasbourg, Bruxelles, Paris, Bordeaux, Lyon. — Crayon.

625 — École française, XIXme siècle. — Deux panneaux d'ornements, style Renaissance. — Aquarelle et gouache.

626 — École française, XIXme siècle. — Décoration intérieure d'appartement, style Louis XVI. — Aquarelle.

627 — École française, XVIIIme siècle. — Modèles de cadres, époque Louis XV.

628 — École française du XVIIIme siècle. — Motif pour écran. — Sanguine.

629 — École française, Premier Empire. — Orfèvrerie.— Modèles de théières, pot à part, corbeille, plateaux, sucrières, etc., etc. — Plume et lavis.

630 — École française. — Très joli motif d'arabesques, style du xvime siècle. — Aquarelle.

631 — École française, xviiime siècle. — Cadre de goût rocaille. — Sanguine.

632 — École française, xviiime siècle. — Modèle de table console, bois sculpté, encre rouge, époque Louis XVI.

633 — École française, époque Louis XVI. — Très beau coffre aux armes de France. — Lavis. — Deux dessins, vue de face, vue de côté.

634 — École française. — Côté d'appartement, époque Louis XV. — Alcôve, porte-panneaux, console, etc. — Plume et lavis.

635 — École française, époque Louis XVI. — Grand canot royal. — Beau dessin lavis.

636 — École hollandaise, xviime siècle. — Frontispice pour un ouvrage d'emblèmes. — Plume et bistre.

637 — École italienne, xviime siècle. — Deux lunettes de voûte. — Plume et lavis.

638 — École italienne. — Trophées et cartouches aux armes papales, xviime siècle. — Plume et lavis.

639 — École italienne, xviiime siècle. — Projet de décoration pour un plafond. — Lavis rehaussé.

640 — École italienne, XVIIme siècle. — Projet de décoration intérieure. — Plume et lavis.

641 — École italienne, XVIIIme siècle. — Projet d'autel, style rocaille. — Plume et lavis.

642 — École italienne, XVIIIme siècle. — Sommet d'un encadrement, Amours soulevant une draperie. — Plume et crayon.

643 — École italienne, XVIIme siècle. — Cartouche avec Amours et sujet central biblique. — Plume et lavis.

644 — École italienne, XVIme siècle. — Trois pilastres d'une riche ornementation. — Plume et lavis.

645 — École italienne, XVIIme siècle. — Encadrement pour un retable ou tableau d'autel. — Plume et bistre.

646 — École italienne, XVIme siècle. — Trophée militaire. — Plume.

647 — École italienne, XVIIIme siècle. — Décoration intérieure d'une église, goût rocaille. — Plume et lavis.

648 — École italienne, XVIIIme siècle. — Orfèvrerie. — Modèle de salière. — Lavis.

649 — École italienne, XVIme siècle. — Fontaine monumentale. — Au verso, une autre. — Plume et lavis.

650 — École suisse. — Modèle de vitrail, homme et femme avec armoiries. — Plume. — Signé du monogramme L D M, 1590.

651 — Sous ce numéro, divers dessins ornementaux non catalogués.

GRAVURES ANCIENNES

Modèles de Meubles d'ornementation et de décoration.

---

652 — ANONYME. — Six modèles pour montures d'éventails, époque Louis XVI.

653 — AVRIL (l'aîné). — Dix vases.

654 — BABEL. — Cartouche, N° 4.

655 — BABIN. — Ferronnerie, dix pièces.

655 *bis* BABIN. — Dix autres.

656 — BAPTISTI. — La Couronne, série de vases de fleurs. — Grand et petit format.

657 — BERAIN. — Très beau panneau décoratif. — Belle épreuve.

658 — BERGMULLER. — Quatre pièces. — Autels ou retables. — Belles épreuves.

659 — BERNIN. — Plafond pour le baron de Tessin, gravé par le Clerc. — Belle épreuve.

660 — BERTREN. — Trois feuilles. — Cadres Louis XVI.

661 — BIJOUX. — Feuille sans marge, époque Louis XIII. — Signée Léopold. — Monture de diamants.

662 — BOUCHER. — Cassolette, dessus de portes, porte-croisée. — Quatre pièces.

663 — BOUCHER. — Six feuilles. — Pendules, cartels et consoles, dit pied-de-table.

664 — BOUCHER et autres. — Sept pièces. — Vases, par Cauvet, Duplessis, Jacque, etc., etc.

665 — BOURGUET-ROVENDAY DE POILLY. — Frise, plantes, vase de fleurs et nielle. — Quatre pièces.

666 — Boutique de Nitot, joaillier de l'impératrice. — Coloriée.

667 — CANUC. — Deux feuilles. — Chaires à prêcher.

668 — CARAVAGIO. — Six pièces trophées. — Très belles épreuves.

669 — CAUVET. — Vases. — Dix pièces. — Belles épreuves.

670 — CAUVET. — Panneau d'appartement.

671 — CORNILLE. — Cinq chaires à prêcher.

672 — CORNILLE. — Quatre feuilles. — Confessionnaux.

672 *bis* CORNILLE. — Quatre feuilles. — Bancs-d'œuvre.

672 *ter* CORNILLE. — Deux feuilles. — Buffet d'orgues.

672 *quator*. CORNILLE. Six feuilles. Retables et porches.

673 — CREPY. — Six feuilles. — Vases.

674 — CUVILLIÉS. — Cinq pièces. — Autels. — Très belles épreuves.

674 *bis* Cuvilliers. — Deux panneaux Louis XV. — Très belle épreuve.

675 — Delafosse. — Canapé à l'antique, bergère, obligeante ottomane et feuille de console. — Quatre pièces.

676 — Delafosse. — Vases, fontaines, tombeaux L. L. — Six pièces.

677 — Delafosse. — Six pièces. — La Sculpture, la Peinture, attributs d'église, N. N. Deux pièces. — Attributs de pêche, attributs de chasse et feuille de gaines, K. K. 3.

678 — Delafosse. — Huit pièces. — Portugal, Bohême, Naples, Suisse, Allemagne, Savoie, Danemark, l'Humilité.

679 — Delafosse. — Plafonds, cheminées, rosaces, M. M. — Six pièces. — Belles épreuves.

680 — Delafosse. — Quatre pièces. — Poêles, piédestaux, etc.

681 — Delafosse. — Quatre feuilles. — Vases.

682 — Delafosse. — Sept frises.

683 — Delafosse. — Douze vases. — Lampes et gaines.

684 — Delafosse. — Torchère, trépied, plafond. — Quatre pièces.

685 — Della-Bella. — Deux Cartouches.

686 — Della-Bella. — Quatre Frises.

687 — Divers. — Dix pièces. — Lampes, bénitiers, navettes, encensoirs, par Delafosse, Forty et autres.

688 — Divers. — Sept pièces. — Écoles française et allemande.

689 — Divers. — Six pièces. — Encadrements du XVIe siècle.

690 — Divers. — Sept pièces. — Encadrements et autres.

691 — Divers. — Six pièces. — Encadrements des XVIe et XVIIe siècle.

692 — Divers. — Vingt pièces. — Cheminée, vases, consoles, etc., etc.

693 — Duplessis. — Six pièces. — Vases. — Très belles épreuves.

694 — Duval. — Canapé appelé Paphose. — Belle épreuve.

695 — Explication des figures allégoriques qui répondent au lever du roi.

696 — Fantuzzi. — Coupe, emblême des vendanges. — Belle épreuve.

697 — Fay. (J.-B.) — Quatrième cahier d'arabesques. — Cinq feuilles. — Très belles épreuves.

698 — Forty. — Deux feuilles. — Serrurerie, ferronnerie.

699 — Goz (Bernard). — Les Vertus théologales. — Quatre pièces.

700 — HABERMANN. — Trois chaires à prêcher. — Belles épreuves.

701 — HUGUIER. — Trois feuilles de vases, gravés par l'auteur.

702 — INCONNU. — Trois titres gravés sur cuivre en 1654.

703 – INCONNU. — Trois pièces. — Plafonds dans la manière de Bérain.

704 — INCONNU. — Quatre pièces. — Instruments de musique, autel, croix, chaises Louis XVI.

705 — ISNARD. — Encadrement pour brevet de l'ordre des francs-maçons en blanc sur vélin.

706 – LAJOUE. — (J. de). — Frontispice pour les œuvres de Wouvermans. — Bel encadrement gravé par Moyreau.

707 — LAJOUE ? — Une pièce. — Très beaux motifs rocaille. — Épreuve avant toute lettre.

708 — LALONDE. — Quatre feuilles. — Girandoles.

709 — LALONDE. — Deux cadres et deux consoles.

710 — LALONDE. — Quatre feuilles. — Bibliothèque, chiffonnier, commode, etc. — Belles épreuves.

711 — LALONDE. — Quatre feuilles. — Cheminées. — Belles épreuves.

712 — Le Cain et Divers. — Trois feuilles. — Encadrements pour tapisseries et autres.

713 — Le Cain. — Quatre feuilles. — Autels et retables.

714 — Le Pautre. — Six pièces. — Livre de cartouches. — Très belles épreuves.

715 — Le Pautre. — Six pièces. — Vases d'ornement. — Très belles épreuves.

716 — Le Pautre. — Six pièces. — Vases, dont quatre faisant suite.

717 — Le Pautre. — Six pièces. — Lambris plus un titre. — Très belles épreuves.

718 — Lievre. — Porte du XVIe siècle du Musée du Louvre. — Épreuve sur vélin.

719 — Lucotte. — Trois feuilles. — Orfèvrerie.— Metteur en œuvre, brillants, etc.

720 — Lucotte et Fassier. — Trois feuilles pour orfèvre. — Bijoutier. — Boîtes et pommes de canne.

721 — Marot. — Porte de fer du château de Meudon et autres grilles de fer. — Deux belles pièces.

722 — Massé. — Chaire de l'église Saint-Paul à Paris.

723 — Marillier (Saint), — Très beau chiffre J. V. L. — Rubans et fleurs.

724 — Martinet. — Plan du lit de justice tenu par le roi Louis XV en 1759.

725 — Moudon. — Sept feuilles, — Ornements rocaille avec groupes de figures.

726 — Mondon. — Six autres.

727 — Meissonnier. — Surtout de table, n° 55.

728 — Moreau le jeune. — Quatre modèles de fontaine. — Épreuve avant toute lettre, le nom à la pointe.

729 — Pillement (d'après). — Six pièces coloriées.

730 — Poullau. — Cheminée et deux portes par Dankerts. — Trois pièces.

731 — Prieur. — Deux pièces. — Salon et salle à manger.

732 — Ranson. — Six feuilles A. — Fleurs et ornements.

733 — Ranson. — Cinq feuilles A. et autres.

734 — Ranson. — Cinq feuilles B.

735 — Ranson. — Cinq feuilles. — Feuilles de cadres ovales et ronds.

736 — Ranson. — Quatre feuilles, — Trophées de chasse et vases.

737 — Ranson. — Six feuilles. — Quatrième cahier. — Fleurs et pastorales.

738 — Ranson. — Quatre feuilles. — Fleurs et bouquets pour la décoration.

739 — Ranson. — Cinq feuilles. — Trophées, instruments de musique.

740 — Ranson et divers. — Trois feuilles. — Cadres ovales.

741 — Salembier. — Vingt-quatre frises. — Belles épreuves.

742 — Salembier. — Vingt-quatre frises.

743 — Salembier. — Six pièces arabesques. — Belles épreuves.

744 — Salembier. — Huit panneaux d'appartement. — Belles épreuves.

745 — Saly (J.). — Quinze vases.

746 — Vauquer (J.). — Vases de fleurs.

747 — Vauquer (Jean). — Six pièces. — Bouquets de fleurs dans des vases pour orfèvres. — Très grandes marges.

748 — Wergel. — Six feuilles. — Cartouches sur panneaux. — Belles épreuves.

749 — École anglaise. — Quatre feuilles de chaises, époque Louis XVI.

750 — École anglaise, époque Louis XVI. — Vingt-sept cheminées. — Très belles épreuves.

751 — École française. — Deux pièces en couleur, — Ornements et fleurs.

752 — Sous ce numéro quantité de Gravures d'ornements qui seront vendues en lots.

PARIS. — IMPRIMERIE CHAIX, 20, RUE BERGÈRE. — 4106-2-02.

www.ingramcontent.com/pod-product-compliance
Ingram Content Group UK Ltd.
Pitfield, Milton Keynes, MK11 3LW, UK
UKHW021311190726
13839UKWH00007B/1165